ENTIENDE TU

Mente y Tu Cuerpo

TDAH

AJ Knight

Explora otros libros en:
WWW.ENGAGEBOOKS.COM

VANCOUVER, B.C.

WWW.ENGAGEBOOKS.COM

TDAH: Entiende Tu Mente y Tu Cuerpo
Knight, AJ 1995 –
Texto © 2024 Engage Books
Diseño © 2024 Engage Books

Editado por: A.R. Roumanis, Melody Sun
y Ashley Lee
Diseño por: Mandy Christiansen
Consultora: Heather Romero - Consejera de
Niños, Jóvenes y Familias

Texto establecido en Montserrat Regular.
Títulos de capítulo establecidos en Hobgoblin.

Este libro no pretende reemplazar el consejo de un profesional médico ni ser una herramienta para el diagnóstico. Es una herramienta educativa para ayudar a los niños a entender por lo que ellos u otras personas están pasando.

LIBRARY AND ARCHIVES CANADA CATALOGUING IN PUBLICATION

Title: ADHD / AJ Knight.
Names: Knight, AJ, author.
Description: Series statement: Understand your mind and body

Identifiers: Canadiana (print) 20230446973 | Canadiana (ebook) 20230446981
ISBN 978-1-77476-784-9 (hardcover)
ISBN 978-1-77476-785-6 (softcover)
ISBN 978-1-77476-786-3 (epub)
ISBN 978-1-77476-787-0 (pdf)
ISBN 978-1-77878-105-6 (audio)

Subjects:
LCSH: Attention-deficit hyperactivity disorder—Juvenile literature.
LCSH: Attention-deficit-disordered children—Juvenile literature.
LCSH: Attention-deficit hyperactivity disorder—Treatment—Juvenile literature.

Classification: LCC RJ506.H9 K59 2023 | DDC J618.92/8589—DC23

This project has been made possible in part by the Government of Canada.

Canadă

Índice

A los niños que no son diagnosticados a menudo se los llama "perezosos" o "niños problemáticos".

¿Qué es el TDAH?

El trastorno por déficit de atención con hiperactividad (TDAH) es un trastorno que afecta al comportamiento de las personas. Afecta a cada uno de manera diferente. El TDAH no es una enfermedad. Siete años es la edad promedio en que las personas son **diagnosticadas** con TDAH.

PALABRA CLAVE

Diagnosticado: averiguar si alguien tiene una condición médica.

Hay tres tipos principales de TDAH.

1. El TDAH inatento es cuando alguien tiene problemas para concentrarse en algo que no le resulta interesante.

2. Los niños con TDAH hiperactivo-impulsivo a menudo corren o se suben a cosas cuando se supone que no deben hacerlo.

3. El TDAH combinado es una mezcla de TDAH inatento y TDAH hiperactivo-impulsivo. Este es el tipo más común.

¿Qué Causa el TDAH?

El TDAH suele ser hereditario en las familias. Es una de las condiciones infantiles más estudiadas, pero nadie sabe qué la causa. Algunas personas creen cosas sobre sus causas que no son ciertas. El TDAH NO es causado por medicamentos, azúcar, alergias, televisión o mala crianza.

Hoy en día más personas están siendo diagnosticadas con TDAH que en el pasado. Esto se debe a que los médicos están mejorando en la detección de los síntomas. Un médico o **psicólogo** puede diagnosticar el TDAH realizando preguntas y haciendo pruebas.

PALABRA CLAVE

Psicólogo: un profesional entrenado que ayuda a las personas a entender y cambiar su comportamiento.

Los niños con TDAH tienen el doble de probabilidades de ser diagnosticados que las niñas con TDAH.

¿Cómo Afecta el TDAH a tu Cerebro?

El **lóbulo frontal** es una parte del cerebro que ayuda con la memoria, la concentración y la organización. También ayuda a controlar las emociones y a tomar decisiones. El lóbulo frontal de las personas con TDAH puede envejecer más lentamente o ser más pequeño que el de otras personas. Esto significa que las personas con TDAH pueden tener dificultades con estas tareas.

Lóbulo Frontal

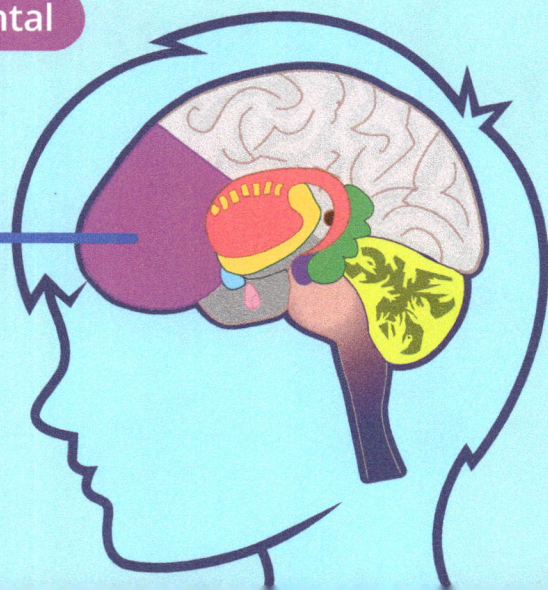

Las personas con TDAH pueden tener menos dopamina que otras. La dopamina es una sustancia química del cerebro que ayuda a las personas con su estado de ánimo, memoria, capacidad de atención y sueño. Los expertos piensan que los cerebros con TDAH usan la dopamina de una manera más rápida que los cerebros sin TDAH.

El tamaño del cerebro no influye en la inteligencia de la persona.

¿Cómo Afecta el TDAH a tu Cuerpo?

Las personas con TDAH a veces tienen problemas con sus **habilidades motoras**. Pueden tener una escritura desordenada porque les resulta difícil controlar el lápiz. También pueden tener problemas para mantener el equilibrio. Esto significa que sus cuerpos tienen que esforzarse más para mantenerse de pie.

PALABRA CLAVE

Habilidades motoras: la capacidad de una persona para realizar movimientos específicos con su cuerpo.

Un mal equilibrio puede hacer que alguien se tope con objetos y se lastime.

La gran mayoría de personas con TDAH poseen mucha energía. Pueden hablar mucho, inquietarse con las manos o tener dificultades para quedarse quietos. Esto a veces puede hacer que les sea difícil dormir.

Algunos medicamentos para el TDAH pueden incluso causar problemas para dormir.

¿Cómo se siente tener TDAH?

Alguien con TDAH puede sentir que sus pensamientos nunca se detienen. Sus mentes ocupadas, a veces pueden llegar a ser demasiado para que las manejen. Si alguien tiene problemas para concentrarse o le molesta un ruido, puede tener una **crisis**.

PALABRA CLAVE

Crisis: una repentina explosión de enojo, frustración o llanto.

PALABRA CLAVE

Estrés: cuando las personas se sienten incómodas con algo que está sucediendo.

El "stimming" es cuando una persona hace movimientos o sonidos repetidos para ayudarse a controlar sus emociones. Las personas con TDAH hacen "stimming" por muchas razones. Pueden hacerlo para ayudar con su concentración, para lidiar con el **estrés**, o porque están felices.

Los medicamentos estimulantes ayudan a concentrarse y controlar las emociones al aumentar la dopamina en el cerebro.

¿El TDAH Desaparece?

Los médicos solían pensar que el TDAH sólo ocurría en la infancia. Ahora saben que el TDAH es para toda la vida. Los médicos pueden sugerir tomar medicamentos o hablar con un **consejero** para ayudar a las personas con TDAH a sentirse más cómodas en el mundo.

PALABRA CLAVE

Consejero: una persona que da consejos a los demás.

Los medicamentos estimulantes ayudan a concentrarse y controlar las emociones al aumentar la dopamina en el cerebro. El TDAH no desaparece. Pero los **síntomas** pueden cambiar a medida que la gente crece. Los adultos con TDAH podrían tener menos energía. Todavía pueden tener problemas para mantenerse organizados o prestar atención.

PALABRA CLAVE

Síntomas: algo que se siente en el cuerpo que es un signo de que algo no está bien.

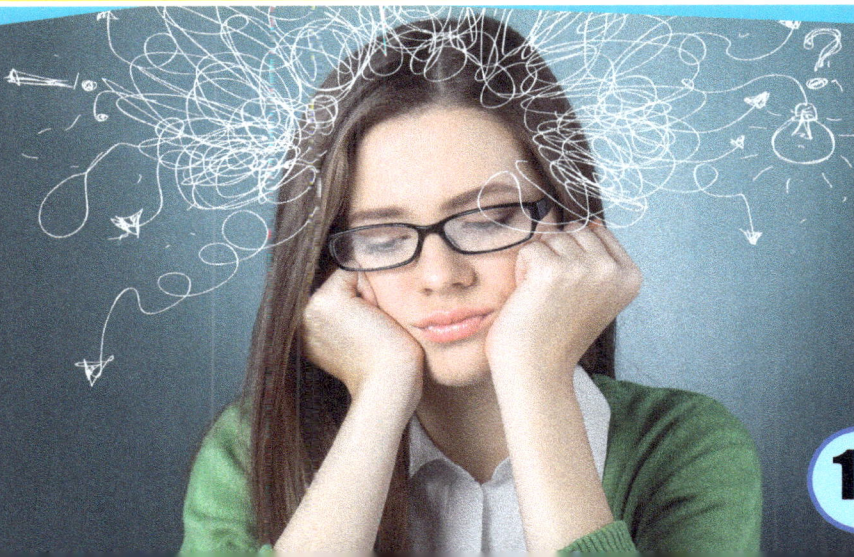

Pedir Ayuda

Pedir ayuda puede dar miedo. Pero es importante hablar con alguien si te sientes mal. Busca a un adulto de confianza para contarle cómo te sientes.

"Constantemente me siento muy preocupado y no sé qué hacer. ¿Puedes ayudarme?"

"Mi amigo tiene TDAH, y creo que yo también podría tenerlo. A menudo se me olvida lo que pienso antes de poder decirlo. ¿Cómo puedo saber si tengo TDAH?"

"Tengo problemas para quedarme quieto y concentrarme en la escuela. Creo que es possible que necesite más ayuda".

Cómo Ayudar a Otros con TDAH

Todas las personas necesitamos ayuda a veces. Las personas con TDAH pueden necesitar diferentes tipos de ayuda que otras personas. Aquí hay algunas formas en las que puedes ayudar a un amigo con TDAH.

Escúchalos con atención

Nunca obligues a alguien a hablar sobre su TDAH. Si alguien decide contártelo, escucha lo que tiene que decir.

Anímalos

Celebra con tu amigo si termina un objetivo por el que ha estado trabajando. No los culpes si se les dificulta terminar una tarea. Eso nunca ayuda.

Pregúntales con qué necesitan ayuda

Lo que ayuda a una persona con TDAH podría no ayudar a otra. Habla con tu amigo y aprende cómo puedes ayudarlo con sus necesidades específicas.

La Historia del TDAH

En 1902, Sir George Frederic Still describió una condición en niños que probablemente era TDAH. Still estudió a un grupo de niños que tenían problemas para controlar su comportamiento. Ellos eran impulsivos y fácilmente se frustraban o se molestaban.

En 1937, Charles Bradley descubrió un medicamento estimulante que calmaba a los niños con diferencias en el comportamiento. Descubrió esto por error mientras buscaba un medicamento para aliviar dolores de cabeza. El trabajo de Bradley llevó al descubrimiento de más medicamentos para el TDAH unos 25 años después.

Ritalin es una medicina estimulante que fue descubierta en 1944. Empezó a utilizarse por primera vez para tratar el TDAH en las décadas de 1950 y 1960. Hoy en día, es una de las medicinas estimulantes más comunes que se usan para el TDAH.

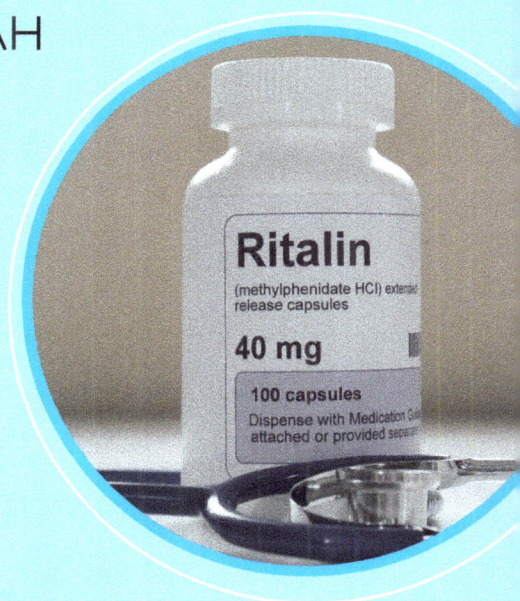

De 1980 a 1987, el TDAH fue llamado Trastorno por Déficit de Atención (TDA). El nombre fue cambiado a TDAH en 1987 para incluir la palabra "hiperactividad". Los tres tipos de TDAH fueron nombrados en 1994.

Superhéroes Con TDAH

No todas las personas se sienten cómodas hablando sobre su TDAH. Haz lo que te haga sentir mejor y respeta las decisiones de las otras personas. Estos son algunos superhéroes con TDAH que comparten abiertamente sus experiencias.

Bex Taylor-Klaus es un actor con TDAH. Han dicho que actuar les ayuda a sentirse mejor. Bex espera que los niños acepten quiénes son y no presten atención a lo que dicen los demás.

A partir del 2023, la gimnasta **Simone Biles** ha ganado 25 medallas del Campeonato Mundial y 7 medallas olímpicas. ¡Incluso fue premiada con la Medalla Presidencial de la Libertad! Simone ha dicho que nadie debe sentirse mal por tener TDAH o por tomar medicamento para ello.

Adam Levine fue diagnosticado con TDAH cuando era adolescente. El cantante principal de Maroon 5 a veces tiene problemas para prestar atención cuando está escribiendo y grabando canciones. Adam trabaja con un proyecto llamado "Own It" para ayudar a los adultos que fueron diagnosticados con TDAH cuando eran niños.

Consejo Número 1 Para El TDAH: Cuidarse a Uno Mismo

Sé paciente contigo mismo. Cada día con TDAH será diferente. Algunos días pueden ser más fáciles y otros más difíciles. Presta atención a cómo te sientes y toma descansos cuando los necesites.

Los juguetes Stimming pueden ayudar a concentrarte o calmarte cuando lo necesites. Salir a caminar o hacer deporte pueden ayudar cuando no puedes quedarte quieto. Si te es difícil recordar comer, pon una alarma para recordarte cuándo comer o merendar.

Los juguetes Stimming pueden ser una bola blanda, un cubo antiestrés o incluso un animal de peluche.

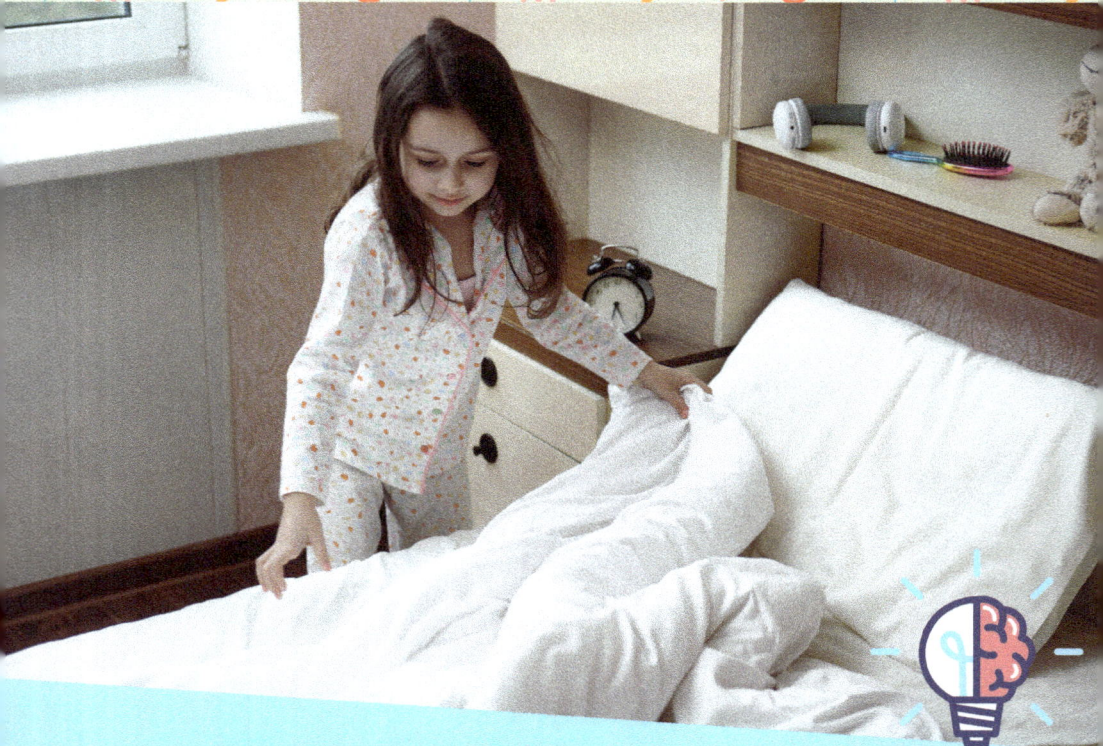

Consejo Número 2 Para El TDAH: Hacer Tu Vida Amigable Con El TDAH

Las **rutinas** son muy útiles para las personas con TDAH. Intenta hacer un horario para ti mismo cada mañana. Añade recompensas divertidas!

PALABRA CLAVE

Rutinas: hacer las mismas cosas a la misma hora todos los días.

Establece un temporizador cuando estés haciendo algo aburrido. De esa manera sabrás que hay un final. ¡Encontrar un **acompañante** también puede ayudar! Está bien si tienes un día en el que no llegas a finalizar algo. Cada día es diferente.

Acompañante: alguien que te hace compañía mientras trabajas.

Consejo Número 3 para el TDAH: Relacionarse Con Los Demás.

Intenta encontrar a otros niños con TDAH en tu escuela o en tu vecindario. Incluso podrías asistir a una reunión en línea con un adulto. Esto puede ayudarte a sentirte menos solo.

Construir una comunidad puede ser útil y divertido. Hay personas con TDAH que entienden cómo te sientes. ¡Incluso podrías aprender algo genial sobre el TDAH!

Cuestionario

Pon a prueba tu conocimiento sobre el TDAH respondiendo las siguientes preguntas. Las preguntas se basan en lo que has leído en este libro. Las respuestas están listadas en la parte inferior de la siguiente página.

1 ¿Es el TDAH una enfermedad?

2 Nombra un tipo de TDAH.

3 ¿Cómo se le llama a una repentina explosión de enojo, frustración o lágrimas?

4 ¿El TDAH desaparece?

5 ¿Cuál es uno de los medicamentos estimulantes más utilizados en la actualidad?

6 ¿Cuál es el nombre de alguien que te hace compañía mientras trabajas?

Explora Otros Libros de Nivel 3

LECTORES ATRACTIVOS — NIVEL 3
TDAH
AJ Knight

LECTORES ATRACTIVOS — NIVEL 3
Ansiedad
Melody Sun & J Smith

LECTORES ATRACTIVOS — NIVEL 3
Asma
Sarah Harvey

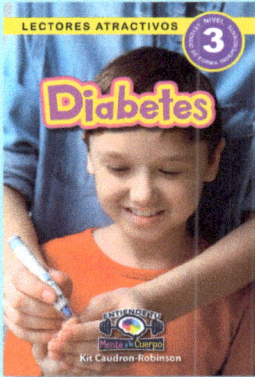

LECTORES ATRACTIVOS — NIVEL 3
Diabetes
Kit Caudron-Robinson

LECTORES ATRACTIVOS — NIVEL 3
Dislexia
Aleeta Radmanis

LECTORES ATRACTIVOS — NIVEL 3
Imagen Corporal
Ashley Lee & J Smith

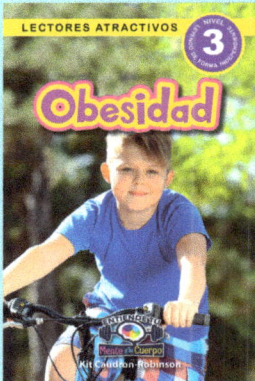

LECTORES ATRACTIVOS — NIVEL 3
Obesidad
Kit Caudron-Robinson

LECTORES ATRACTIVOS — NIVEL 3
La Perte de Vision
Hannalora Leavitt y Sarah Harvey

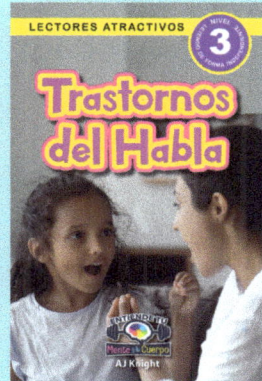

LECTORES ATRACTIVOS — NIVEL 3
Trastornos del Habla
AJ Knight

Visita www.engagebooks.com/readers

www.ingramcontent.com/pod-product-compliance
Lightning Source LLC
Chambersburg PA
CBHW051240020426
42331CB00016B/3466